Jost Amman

Im Frauenzimmer wirt vermeldt von allerley schönen Kleidungen

unnd Trachten

Der Weiber hohen und nidern Stands, wie man fast an allen Orten geschmückt und

gezieret ist

Jost Amman

Im Frauwenzimmer wirt vermeldt von allerley schönen Kleidungen unnd Trachten
Der Weiber hohen und nidern Stands, wie man fast an allen Orten geschmückt und gezieret ist

ISBN/EAN: 9783743624306

Hergestellt in Europa, USA, Kanada, Australien, Japan

Cover: Foto ©ninafisch / pixelio.de

Weitere Bücher finden Sie auf **www.hansebooks.com**

Im Frauwenzimmer

Wirt vermeldt von al=

lerley schönen Kleidungen vnnd Trachten

der Weiber/hohes vnd niders Stands/wie man fast an
allen Orten geschmückt vnnd gezieret ist/ Als Teutsche/ Welsche/
Frantzösische/Engelländische/Niderländische/Böhemische/Vngeri-
sche/vnd alle anstossende Länder. Durchauß mit neu-
wen Figuren geziret/ dergleichen nie
ist außgangen.

Jetz und erst durch den weitberühmbten Jost Amman wonhafft zu Nürnberg gerissen.

Sampt einer kurtzen Beschreibung durch den wolgelehr-
ten Thrasibulum Torrentinum Mutislariensem allen ehrliebenden Frauwen vnd Jungfrauwen zu
ehren in Rheimen verfaßt.

M. D.   LXXXVI.

Getruckt zu Franckfurt am Mayn in Verlegung
Sigmund Feyrabends.

Dem Ehrengeachten/

vnd fürnemen Herrn Johan Pythan/ vnd
der tugentsamen Frauwen Catharine Lochmenin
seiner Ehlichen vnd lieben Haußfrauwen/mei-
nen insonders günstigen Herrn
vnd Frauwen.

IN was Ehren / Würden vnnd Reputation
Weibliche Zucht/ Ehr/ Keuscheit vnd Tugend bey
den alten gewesen / vnnd gehalten worden/darff nic-
mand viel nachfragens / dieweil dasselbige allenthalben in Göttlichen vnnd Weltlichen Historijs hauf-
senweiß beschrieben vnd zu finden ist.

A ij   Vnd

Vnd zum ersten/so werden fromme/Gottsförchtige keusche Wei=
ber nicht allein von Menschen geliebet vnd geehret/sonder auch gleich
anfangs der Erschaffung der Welt von Gott selbsten gerühmet/da er
sagt im ersten Buch Mosis am andern Capitel: Es ist nicht gut/
daß der Mensch allein sey/ich wil jhm ein Gehülffen ma=
chen/die vmb jhn seye/etc. Darauß dann ein jeder verständiger
leichtlich abzunemmen / daß Gott allein das Weib dem Mann/ als
die auß seiner Rippen erbauwet/zu Trost/Freud vnd Auffenthalt sei=
nes Lebens geschaffen ist. Wie denn auch Jesus Sprach in seinem
Buch der Weißheit/vnd fürnemlich im sechs vnd zwäntzigsten Capi=
tel das Lob frommer vnnd Gottsförchtiger Weiber höchlich rühmet/
vnnd gantz weitläuffiger weise außbreitet vnd beschreibet/in dem er sie
deß Manns Leben vnd Freude / ein edele Gabe Gottes/
auch ein Zierde vnnd güldene Sewle deß Hauses nennen
thut.

Jtem der Königliche Prophet Dauid rühmet ein fromes Weib
gar hoch in seinem hundert vnd acht vnd zwäntzigsten Psalmen/ da er
spricht / Das Weib wirdt im Hause seyn / wie ein frucht=
barer Weinstock voller guter Trauben / vnnd die Kinder
vmb den Tische/wie frische Oelzweige/etc.

Damit wir aber auch kürtzlich etlicher frommer Gottsförchtiger
Weiber gedencken / so haben wir kein geringes Exempel der Demut
an der gehorsamen Sara im ersten Buch Mosis am achtzehenden
Capitel/da sie jhren Mann Herr hieß/vnd sprach / Nun ich aber
alt bin/soll ich noch Wollust pflegen/vnd mein Herr auch
alt ist/etc.

Was für grosses Lob auch die Gottsförchtige Judith hinder=
sich verlassen/das finden wir erstlich in jhrem Buch am 7. Capitel/
in dem sie die Eltesten/der Statt Bethulia straffet/daß sie Gott ein ge=
wis=

wiſſen Tag der Hülffe ſetzeten vnd beſtimbten/vnd alſo gleich Gottes
Meiſter ſeyn wolten/ermahnet ſie auch zum Gebet/vnd eröffnet jnen
letzlich ihren Anſchlag/was ſie zu thun in Willens/Wie ſie dann daſ=
ſelbig im dr eytzehenden Capitel gemeldtes Buchs an dem Truncken=
boltz vnd Vollzapffen Holoferne mit Beyſtand Göttlicher Hilff vnd
Genaden vollbracht vnd jhme/als er jhm Betth gelegen vnd geſchlaf=
fen / ſein Haupt mit einem Schwerd abgehauwen/ vnnd alſo die be=
trangte Statt Bethulien/ſo allbereyt an aller Hülff verzagt / von jh=
rem indchtigen Feind dem grewlichen Wüterich erlöſet hat.

Welcher maſſen auch die Gottsförchtige Abigail jr gantzes Hauß
für dem Grimme Dauids (welcher durch jhren Mann/den Gottlo=
ſen Nabal erzürnet war)erhalten habe/das finden wir im erſten Buch
Samuelis am fünff vnd zwäntzigſten Capitel.

So leſen wir auch in der Bibel was die fromme Gottsförchtige
Eſther durch ihre Frombkeit/Zucht/ Ehr/Keuſcheit vnnd Gehorſam
gegen jhrem König Artaxerxe erlanget/ vnd alſo jr gantzes Geſchlecht
der Jüden/ſo allbereit durch den Gottloſen Haman auff die Fleiſch=
banck gelieffert war/von dem Schwerd vnd Todes noth erlöſet habe.

Wie auch nicht weniger die fromme / keuſche vnd Gottsförchti=
ge Suſanna deß Joiakims Weib nimmermehr genugſam zu loben/
welche viel lieber einen grewlichen ſchmehlichen Tod leyden/ vnd ver=
ſteiniget hat werden wöllen / als jhr Ehbetth beflecken vnnd verunrey=
nigen/ Endlichen aber doch auß wunderbarlicher Schickung deß
Allmächtigen Gottes durch den Daniel vom bitteren Tod erlöſet/
Vnnd hergegen die zween alte falſche Verrähter/an jhre ſtatt von der
Gemeine mit Steinen zu Tod geworffen worden.

Vnnd iſt ſich zu letzt auch noch höchlichen vber die keuſche Lu=
cretiam zu verwundern/ welche wol billich ein Spiegel der Keuſch=
heit zu nennen iſt. Dann wie der berümpt Hiſtorien Schreiber Titus
Liuius in ſeinem erſten Buch der Römiſchen Hiſtorien ſchreibet/ ſo
iſt auff eine zeit jhr Mann Collatinus bey etlichen Herren auſſer=
halb der Statt Rohm geſeſſen/ vnnd in dem ſie vnter anderem Ge=

sprach auch von Weiblichen Tugenten vnnd Keuscheit angefangen
zu reden/ vnnd ein jeder seine Fraw gelobet/ so hat doch Collatinus
seine Lucretiam den anderen allen an Keuscheit vnnd Tugendt für
gezogen/ wie sich denn solches zu letzt auch in der That also befun-
den. Dardurch der Sextus Tarquinius der massen gegen sie in vn-
ordentlicher Liebe entzündet worden/ daß er sie wider jhren Willen/
vnnd also mit Gewalt zu seinem Willen gezwungen hat/ Nach wel-
chem sie jhren Mann Collatinum, deßgleichen jhren Vatter/ wie
auch die Freundschafft zu sich gefordert/ jhnen die Schand vnnd ge-
waltige Vnzucht/ so Sextus Tarquinius an jhr geübet vnnd volln-
bracht/ mit weinenden Augen vnnd schweren Seufftzen entdeckt/ vnd
geklaget/ Vnnd damit sie ja menniglichen jhre Keuscheit offenbar
machen möchte/ sich endlich mit einem Messer/ welches sie heimlich
vnter jrem Kleid verborgen getragen/ mit jedermenniglicher schmertz-
licher Verwunderung/ selbst erstochen. Vnnd sind solcher Exempel allenthalben noch viel zu finden/ welche allhier alle zu beschrei-
ben/ viel zu lang were.

Demnach aber Gottsförchtige vnd fromme Matronen neben
einem erbaren züchtigen Wandel/ sich fürnemlich feiner erbarer Kleidung (doch eine jede jhrem Stand gemeß) gebrauchen/ Auch ohne das
ein erbar Kleid ein erbar auffrichtig Gemüth anzeiget/ Vnnd ich mit
Gelegenheit gegenwertiges Büchlein von allerley Nation hohes vnd
niders Stands Weiblicher Trachten vnd Kleidung im Truck auß-
gehen zu lassen willens gewesen/ vnnd wem (der diser Ehren werth sey)
ich dasselbe zu ehren heimschreiben vnnd dediciren möchte/ in be-
dacht benommen/ darneben auch günstiger Herr/ euwere vielfältige
mir erwisene Gutthat vnnd mit mir erhaltene Freundschafft zu Gemüth geführet/ hiervmb hab ich dieses Büchlein euch vnnd euwer geliebten Haußfrauwen (an dero Zucht/ Erbarkeit vnd Tugend ich nie
kein taddel gespüret) meinen insonderm günstigen Herrn vnnd Fraw-
en sampt vnd sonders (als die ich der Ehren wol würdig achte) dediciren vnd heimschreiben/ vnd hiermit zu Wündschung aller glück-
seligen

Vorrede

seligen Wolfahrt verehren wöllen/ Freundlich bittende solche Dedi-
cation / in massen dieselbe auß freundtlicher Wolmeynung von mir
angesehen/vermerckken/vnd jhnen günstig gefallen zu lassen.   Vnnd
bin der gäntzlichen Zuversicht/jhr werdet hierauß mein danckbares
vnnd wol geneigtes Gemüth etlicher massen spüren vnnd euch vmb so
viel mehr in günsten gefallen lassen.Welches so ich spüren werde/ daß
es euch zu Ehren/Ruhm vnnd freundlichem Wolgefallen gereichet/
wirdt es mir künfftig deren in stattlichem Wercken nit weniger rühm-
liche meldung zu thun vrsach vnd anlaß geben /   Dem Allmächtigen
Gott euch beyde/sampt euwern geliebten Kindern vnd gantzem Hauß-
gesinde/ wie auch vns alle/in seinen gnädigen Schutz vnd Schirm zu
zeitlicher vnd ewiger Wolfahrt befehlende.   Datum Franckfort am
Mayn am Grünen Donnerstag /im Jahr als man zehlet von der se-
ligmachenden Geburt vnsers angeliebten Herren vnnd Erlösers Jesu
Christi/Fünffzehen hundert/achtzig vnd sechs.

E.   E.

Freundwilliger

Sigmund Feyrabend
Buchhändler.

Die Keyserin.

GLeich wie die Sonn am Himmel leucht/
Wann morgens der Tag herfür kreucht/
Vnd gibt viel einen grössern Schein/
Dann andere Stern in gemein/

Also ist im Römischen Reich
Keine Fraw der Keyserin gleich/
Sie haben allesampt von jhr
Den Namen/Lob/Preiß/Ehr vnd Zier.

Ein Königin.

Je du vor augen sihest stohn/
  Bedeut ein Königlich Person/
Auß Königlichem Stam erwehlt/
  Vnd einem König auch vermehlt.

An jhrem Leib tregt sie ein Kleid
  Mit Gold vnd Edelgstein bereit/
Ein gülden Kron auff jhrem Haupt/
  Das ist den Königin erlaubt.

B

Königin in Franckreich.

Diß Bild sihet nicht fast vngleich
Einer Königin in Franckreich/
Sie hat ein Königliche Kron
Auff ihrem zarten Haupte stohn.

Ist sonst auffs aller best geziert/
Ihr Kleid gar künstlich vberführt
Mit Gold/Perlen/Edelgestein/
Es könnte nicht wol schöner seyn.

Ein Königin in Hispanien.

WAnn mich nicht gar betreugt mein Sinn/
So geht also die Königin
In Hispanien wol geziert/
Wann sie ein wenig außspaziert/

Mit dieser Hispanischen Tracht/
Treibt sie ein sonderlichen Pracht/
Doch kan es nicht seyn gar vnrecht
Vntern Königlichen Geschlecht.

B ij

Ein Fürstin in Hispanien

Also ist ein Fürstlich Person/
In Hispanien angethan/
Mit schönem köstlichem Gewand/
Als man das immer hat im Land.

Mit Sammet/Perlen/Selden rein/
Gold/Silber vnd Edelgestein/
Mit grossem Kosten vnd Arbeyt/
Alles zum fleissigsten bereyt.

Ein Teütsche Fürstin

H Je stehet ein Fürstliches Weib
    Mit stolßem vnd geradem Leib/
Erzogen in jhrer Jugend
    Zu aller Fürstlichen Tugend/

Gezieret nach der Teutschen Art/
    Von Sitten holdselig vnd zart/
Weiß sich zuschicken mit Gelimpff/
    Es sey zu Ernst oder zu Schimpff.
        B   iij

Ein Teutsche Fürstin.

ALso gehn in dem Teutschen landt
    Etliche Fürstin im Gewandt/
Ohn allen sonderlichen Pracht/
    Vnd haben mitler weil gut acht/

In der Hoffhaltung auff den Herdt/
    Wie jhrer Herrn gepfleget werdt/
Vnd sonsten vnbeschweret bleib
    Der arme Mann an Gut vnd Leib.

Ein Teutsche Gräffin.

Die Teutsche Gräffin zieren sich/
    Mit der Kleidung gar säuberlich.
Dann sie sind nur vmb einen Grad/
    Geringer als der Fürstlich Stad.

Sie werden auch mit grossem fleiß
    Erzogen nach Fürstlicher weiß/
Zu aller Zucht vnd Erbarkeit/
    Vnd zu Adlicher Höffligkeit.

Ein Jungfraw auß der Fugger
Geschlecht.

WEnn sich ein Jungfraw schmücket recht/
   Nach Brauch auß der Fugger Geschlecht/
Zieret sie sich mit gantzem fleiß/
   Gar nach auff fürgemalte weiß.

Das Haupt mit einem Krönelein/
   Das Haar muß außgeflochten seyn/
Das Kleid von köstlichem Gewand/
   Ein Fähnlein tregt sie in der Hand.

Ein Edelfraw in Heſſen.

JCh hette gar nah vergeſſen
    Der Edlen Frauwen in Heſſen.
Sie bleiben noch wol vnveracht.
    Mit ihrem adelichem Tracht.

Sie ſind vberauß gefliſſen/
    Wann ſie vielleicht etwas wiſſen/
Mit haußhalten zu erſparen/
    Sie thun ihr Ehr auch verwahren.
                                    C

Die Churfürstliche Pfaltz am Rhein
Hat viel vnd schöne Jungfräwlein/
Vom Adel vnd Rittern geborn/ .
An Zucht vnd Tugend außerkorn.

Vom Leib gerad/frisch vnd gesund/
Freundlich mit Worten alle Stund.
Der Religion zugethan/
Wiewol man sie viel hindert dran.
C ij

Eins Burgers Weib zu Hei-
delberg.

ZV Heidelberg eins Burgers Weib
Gekleidet ist an jhrem Leib
Fein sauber vnd doch erbarlich/
Wie das in der Statt ist bräuchlich/

Redsprechig/ frölich vnd bereyt
Zu dienen in Freuden vnd Leyd.
Gott geb jhn allen Glück vnd Heyl/
Vnd das ewig Leben zu theyl.
C iij

Ein Speierische Frauw.

ZU Speir an dem Camergericht/
   Werden viel krummer Sach geschlicht/
Es weiset auß der Augenschein/
   Daß hübsche Weiber daselbst seyn.

Ich sage das ohn argelist/
   Wer jemals da gewesen ist/
Der muß mir das Zeugnuß geben/
   Daß sie auch nach Ehren streben.

Ein Sächsische Edelfraw.

ES ist allenthalben bekandt/
    Was starcke Leut gibt Sachsenlandt/
Die Frauwen sind da wol formiert/
    Mit starcken Geliedern staffiert/

Sie haben auch ein Mannes Hertz/
    Es gelte gleich Ernst oder Schertz/
Sie haben jhr gebürlichs Lob/
    Wiewol die Sprach ist etwas grob.
                    D

Ein Sächsisch edle Jungfraw.

Di Sächsisch Edele Jungfraw/
Mit sonderlichem fleiß beschaw/
Ob es nicht sey die recht Proportz/
Ist weder zu lang noch zu kurtz.

Nicht gar zu dick/auch nicht zu rhan/
Mit Kleidern Sächsisch angethan/
Eim Junckern zu Betth vnd zu Tisch/
Zu dienen ist sie wunder frisch.

D ij

Ein Meichſniſche Edle Matron.

HJe ſiheſtu für augen ſtohn/
Ein edle Meichſniſche Matron/
Jn jhrem gewöhnlichem Tracht/
Wie in dem Land iſt her gebracht/

Iſt zart vnd ſchön von Angeſicht/
Mit Geberden wol abgericht/
Weiß Reden zu begegnen bald/
Wies erfordert der Sach geſtalt.
D   iij

Ein Meichsnische Edelfraw in
der Klag.

Also verhüllet jhren Leib
 Ein adeliches Meisnisch Weib/
Vom Haupt biß auff die Füß hinab/
Wenn sie beleitet zu dem Grab

Jhren Mann/oder sonst jemand/
 Der jhr mit Freundschafft ist verwandt/
Biß die Trawrzeit erreicht jhr end/
Vnd Gott jhr Klag in Freud verwendt.

Ein Meisnische Edel Juttgfraw.

HJe stehet ein Jungfräwlein zart/
 Vom Adel auff der Buler Warth/
Das Kränklein setzt sie auff ein seit/
Nach deß Lands Meichsen Gewonheit.

Hat gleichwol nicht vbrig Reichthumb/
 Ist doch holdselig/hübsch vnd frumb/
Eins reichen Junckers sie begert/
Vielleicht sie Gott dessen gewerth.

E

DAs ist ein Leipßische Matron/
  Mit ihrem Habit angethan/
Ist nun bey vierßig Jaren alt/
  Wiewol noch zimlich wol gestalt.

Der Haußhaltung/Religion/
  Vnd Kinderzucht nempt sie sich an/
Vnd hoffet von Gott mit Gedult
  Verzeihung aller ihrer Schuld.
       E iij

Ein Leiptzische Jungfraw.

ZV Leiptzig hat es Jungfrauwen/
   Die laſſen ſich warlich ſchauwen/
Von Angeſicht gar wol geſtalt/
   Ihr Zucht mir für andern gefalt.

Ihr Red iſt oberauß lieblich/
   Ihr Geberden gantz ſäuberlich/
Darzu ſind ſie gezieret auch
   Zum beſten nach Meichſiniſchem Brauch.

Ein Jungfraw auß Thüringen.

Thüringen ist ein herrlich Landt/
In Historien wol bekandt/
Darinn laſſen ſich auch ſchauwen/
Viel tugentreiche Jungfrauwen/

Erzogen wol in der Jugend
Zu aller Frombkeit vnd Tugent/
Mit Kleidern auch ſchön angethan/
Nach deß Lands Brauch/ſteht in wol an.

Ein Schlesische Braut.

BEschaw diese seltzame Tracht/
So in Schlesien hergebracht/
Wann ein Jungfraw vermehlet ist/
Vnd sie sich nun zum Kirchgang rüst/

Dann wirdt sie also angethan/
Wie du das Bild sichst für dir stahn.
Sonst hab ich nie kein Braut gesehn/
In solchem Schmuck zu Kirchen gehn.

F

Ein Fraw auß Schlesien.

JN Schlesien sind Weibs Person/
Mit Kleidern gar fein angethan/
Eins Burgers Weib schmückt sich also/
Wie diß Bild steht für Augen do.

Ihr Hauben vnd Mantel ist rauch/
Mit Peltz gefüttert nach Landsbrauch/
Da ist kein sonderlicher Pracht/
Vnd ist gleichwol ein sauber Tracht.

F 4

Ein Fraw in Oestereich.

EIn Fraw in Oestreich kleidet sich
Fein erbar vnd gar säuberlich/
Kein Vberfluß wirdt da gespürt/
Mit Tugent ist sie wol geziert.

Sie ist jhrm Mann gehorsam gern/
Erkennet jhn für jhren Herrn/
Befleisset sich seinen Willen
Mögliches Fleiß zu erfüllen.

Ein Schwäbische Jungfraw.

MJt sonderlichem fleiß beschaw
    Die schöne Schwäbische Jungfraw/
Das Angesicht ist rund vnd klar/
    Am Rücken ab hengt jhr geel Haar/

Die Kleider stehen jhr wol an/
    Jhr Zucht gefellet jederman/
Sie macht bißweilen breite Wort/
    Doch geht jhr die Red dapffer fort.

Ein Schwäbin von Hall.

Das ist zu Hall im Schwabenland
   Der Weiber Zierd im gmeinen Standt/
Ein sauber schlecht vnd erbar Tracht/
Ohn allen Vberfluß vnd Pracht/

Darinn gefällt sie jhrem Mann
   Besser/ als wer sie angethan
Mit einem gantzen gülden Stuck/
   Die Tugend ist jhr bester Schmuck.
                 G

Ein Augspurger Jungfraw.

DJe Augspurgischen Jungfrauwen/
Laſſen ſich warlich beſchauwen/
Sind holdſelig von Angeſicht/
Vnd mit Geberden abgericht/

Mit Kleidung alſo angethan/
Daß ſie gefallen jederman.
Jm Hauß/auff der Gaſſen/beim Tantz
Haben ſie acht auff ihre Schantz.

Ein Geschlechterin zu Augspurg.

ZV Augspurg man gezieret findt
    Die Weiber so Geschlechter sind/
Aller Gestalt an jhrem Leib/
    Wie hie gemahlet steht das Weib.

Ihr Tugent ist nun lange zeit
    Berhümbt gewesen nah vnd weit.
An Gelt vnd Gut sind sie gar reich/
    Mit Demut doch den Armen gleich.

G iij

Eins gemeinen Burgers Fraw zu
Augspurg.

ZV Augspurg mag man beschauwen
  Eins gemeinen Burgers Frauwen/
Gekleidet/wie das Bild hie steht/
  Wann sie auß jhrem Hause geht.

Kein ander Tracht sie brauchen soll/
  Wil sie jhrm Mann gefallen wol/
Jhr Freundligkeit vnd Erbarkeit
  Ist sonst berühmet weit vnd breit.

Ein andechtige Fraw zu
Augspurg.

EIn Weib also gezieret iſt/
    Zu Augſpurg eben zu der friſt/
Wann ſie wil zu der Kirchen gehn/
    Wie du die Figur ſiheſt ſtehn/

Ein Büchlein tregt ſie in der Hand/
    Ein Pater noſter ohn Verſtandt.
Der Prieſter kan ſie lehren wol/
    Wie man alles verſtehen ſoll.
H

Ein Augspurger Magd.

Die Augspurger Mägd sind nicht reich/
Doch sehen sie den Leuthen gleich.
Vnd tretten gar wacker daher/
Als wann die Gaß jhr eigen wer/

Mit weissen Stiffeln angethan/
Wol auffgeschürtzt lauffens darvon/
Sie dienen trewlich jhren Herrn/
Man hat sie allenthalben gern.

H ij

Ein Straßburger Fraw.

ZV Straßburg in der werden Statt
    Man gar ein erbar Kleidung hat/
Ein junges Weib gehet daher/
    Schier als wann sie ein Engel wer.

Gar züchtig sind all jhr Geberd/
    Die Augen schlecht sie auff die Erd/
Jhr gantzer Wandel still durchauß/
    Vnd bleibet gern in jhrem Hauß.

Ein Fraw von Basel.

ZV Basel haben die Wyber
Gesunde vnd starcke Lyber/
Sind auch von Natur hübsch vnd schon/
Mit Kleidern zimlich angethon/

Ohn allen vnnötigen Pracht/
Sonder halten ein erbar Tracht/
Sind freundlich/frölich vnd Mannlich/
Vnd lassen Gott sorgen für sich.

Ein Jungfrauw von Zürch.

ZV Zürich in dem Schweitzerland/
Das weit vnd breit ist wol bekandt/
Sind auch wol proporcionirt/
Die Jungfrauwen/vnd schön geziert.

Da leuchtet Tugent vnd Frombkeit/
Ehr/Zucht vnd all Bescheidenheit/
Wil jetzt nicht sagen von dem Kleid/
Das ist auch gut vnd wolbereit.

J

Ein Geschlechterin zu Franckfort
am Mayn.

ZV Franckfort in der Handelstatt/
Man viel alter Geschlechter hat/
Begabet mit Gottseligkeit/
Gut/Gelt/Ehr/Tugend vnd Weißheit.

Ihr Weiber alle Tugendreich
Sind gezieret dem Adel gleich/
Doch weiß jede nach jhrem Stand/
Zu tragen gebürlich Gewand.

J ij

Eins Junckers Tochter zu
Franckfurt.

ZV Franckfurt an dem krummen Meyn/
 Junckers Tochter gekleidet seyn/
Wie dir anzeiget dises Bild/
 Wann jhnen nun die Brust geschwillt/

Vnd sich an jhnen offenbar/
 Erzeigen die Mannbare Jar/
Vnd haben nun gelehrnet wol/
 Wie man rätlich haußhalten soll.

Ein Braut zu Franckfurt von den
Geschlechterin.

EIn Braut zu Franckfurt an dem Meyn/
Wann sie nicht mehr gern schläfft allein/
Sondern begibet sich zu hand
In den hochgelobten Ehstand/

Mit einem Juncker vberreich/
Der jhrem Stand ist durchauß gleich/
Thut sie an ein Husecken lang/
In jhrem Christlichen Kirchgang.

Eines gemeinen Burgers Weib
zu Franckfurt.

ZV Franckfurt eines Burgers Weib/
    Gar ehrlich schmücket jhren Leib/
Zu wolgefallen jhrem Mann/
    Dem sie freundlich begegnen kan/

Der Rock mit Leisten fein belegt/
    Ein schwartzen Mantel sie auch tregt
Vber den Kopff/wann sie jetzt gleich
    Zur Kirchen geht oder zur Leich.

K

Ein Burgers Weib zu Franckfurt.

ES haben auch ein ander Tracht/
Vor vielen Jaren auffgebracht/
Erbare Franckfurter Weiber/
Für ihre züchtige Leiber/

Wann sie zu hochzeitlichem Fest
Auch beruffen werden/als Gäst
Sind mit Bruströcken angethan/
Vnd legen schwartze Göller an.

K ij

Ein Braut zu Franckfurt.

NAmm sich eins Burgers Tochter hat/
Zu Franckfurt ehlichen bestatt/
Vnd jetzund jhren Kirchgang halt/
Tregt sie ein Burset Rock mit Falt/

Ein Berlen bändlein vmb die Stirn/
Die Haar vmbwunden mit Gold zwirn/
Darüber ein hoher Braut krantz/
Das Koller ist von Sammet gantz.

K iij

Ein Franckfurter Magd.

Die Mägd tragen nach altem Brauch
Auff jhrem Haupt beltzhauben rauch/
Wann sie auff den Marckt thun lauffen/
Nach der Notturfft einzukauffen/

Damit man habe zu essen.
Deß Marcktkorbs sie nicht vergessen.
Es ist heur nicht aller dings new/
Wann gleich mit vnterlaufft Vntrew.

WAnn sich ein Franckfurtische Magd
Bißweilen in die Kirchen wagt/
Vor eiteler grosser Andacht/
Die jhr ist kommen in der Nacht/

Legt sie jhr neuwe Kleider an/
Vnd rüstet sich bald auff die Bahn/
Nimpt Stul vnd Mantel an den Arm/
Vnd bitt/daß sich Gott jhr erbarm.
L

Ein Fränckische Fraw vom Adel.

DAs ist die Tracht im Franckenland/
Den Edlen Frauwen wol bekandt/
Gar artlich in nähen versetzt/
In mancherley Farben genetzt/

All ihr Geberden/Gang vnd Red/
Ihr erbar vnd dapffer ansteht/
Sie weiß ihrm Juncker zu hausen/
Daß er nicht darff im Strauch mausen.

L ij

Ein Fränckische Edele Jungfraw.

EIn Fränckisch Edel Jungfräwlein/
Weiß sich zu schmücken hübsch vnd fein/
Nach deß Franckenlands Gewonheit/
Mit Leisten beydes schmal vnd breit/

Vmb die Sorcketen vmbher rund/
Mit mancherley Farben gar bund/
Das war jhr brauch von altem her/
Jetzund mags zugehn ohngefehr.

L iij

Eins Fränckischen gemeinen Burgers Weib.

Eins Fränckischen Burgers Ehweib
　Die sparet gar nicht jhren Leib/
Ist fleissig willig vnd bereit
　Zu aller häußlichen Arbeit/

Sie zihet jhre Stiffel an/
　Vnd rüstet sich gleich wie ein Mann/
Mit Kötzen/Karst auff jhrem Rück/
　Bauwet den Weinberg auff gut Glück.

Ein Fränckisch Frauw von
Würtzburg.

OB fauler Mensch lieber beschaw/
Diese Würtzburgische Haußfraw/
Ob sie wol ist gantz hübsch vnd zart/
So ist doch das der Francken Art.

Der arbeit sie sich nicht schämen/
Ein Rötz auff den Rücken nemen/
Damit sie dem Marckt zu lauffen/
Wann sie was haben zu kauffen.

M

Ein Geschlechterin von Nürnberg.

ES pflegen die Geschlechterin /
 Wo ferrn ich anders recht dran bin/
An gewönlichen Festtagen
 Solch gattung Kleider zu tragen/

Zu Nürnberg in der werden Statt/
 Da s wolgezogen Weiber hat/
Gar Adelich vnd tugentsam/
 Daher ist weit bekennt jhr nam.
   M ij

Ein Geschlechterin von Nürnberg.

WAnn zu Nürnberg durch die Statt hin
Gehen wil ein Geschlechterin/
So pfleget sie nach Gewonheit/
Anzulegen ein solches Kleid/

Ein lang vnd köstlichen Talar/
Darüber hengt sie ab jhr Haar/
Auff dem Haupt ein klein Paretlein/
Also ist sie gezieret fein.

M iij

Ein Braut von den Geschlechtern
zu Nürnberg.

JN der vralten Statt Nürnberg
Sihet man noch ein fein alt Werck/
Wann ein Jungfraw zur Eh bestatt/
Vnd nun auch jhren Kirchgang hat/

So wird sie auff ein alt Manier/
Jedoch mit gar köstlicher Zier
Geschmücket vnd wol angethan/
Wie diese Figur zeiget an.

Ein Jungfraw vom Geschlecht zu
Nürnberg.
AN disem Bild magst beschauwen/
Wie sich Nürnberger Jungfrauwen/
So von Geschlechtern sind geborn/
Pflegen zu schmücken lang zuvorn/

Wann sie deß morgens frü auffstehn/
Vnd eh sie zu der Hochzeit gehn.
Es ist fürwar ein feine Tracht/
Ohnzweiffel von langem herbracht.

N

Eins gemeinen Burgers Tochter

zu Nürnberg.

MAn findet auch wol Bürgers Kind/
Die mächtig wol gezogen sind/
Nach ihrem Stand auch hübsch gekleidt/
In aller Zucht vnd Erbarkeit/

Schöner Gestalt von Angesicht/
Vnd zu der Arbeit abgericht.
In summa/ Nürnberg ist ein Statt/
Die Gott gar viel zu dancken hat.

N ij

Ein Nürnberger Magd.

ZV Nürnberg man auch gar offt pflegt/
Achtung zu geben auff die Mägd/
Dieweil sie sind guter gestalt/
Vnd richten auß hurtig vnd bald/

Was jhn befohlen wird zu Hauß/
Vnd was sie zu schaffen darauß/
Es seye gleich kalt oder warm/
Streiffen sie hintersich die Arm.

Ein Fraw von Cöllen.

ZU Cöllen ist der Weiber Art/
Ob sie wol sind von Natur zart/
Haben sie doch ein grossen Muth/
Und nemmen ihr Keuscheit in Hut.

Sie tragen wie bräuchlich im Land
Kleider von köstlichem Gewand/
Decken das Haupt ohn vnterlaß/
Wann sie gehen vber die Straß.

Ein Braut zu Cöllen.

ES sind zu Cöllen an dem Rhein/
Die Jungfrauwen gar hübsch vnd fein/
Gezieret mit Frombkeit vnd Zucht/
Mehr dann man hinter jhnen sucht/

Wann nun ein Jungfraw zur Braut wirt/
Man sie auff dise weise ziert/
Das halten sie mit grossem fleiß/
Bey vns wer es ein neuwe weiß.
O

Ein Magd von Cöllen.

ZV Cöllen ist die Gewonheit/
Daß ledige Töchter allzeit
Ihr Haar sauber eingeflochten
Auff dem Haupt zu sammen pflochten/

Vnd barhauptig einher gehen/
Doch ist solches zuverstehen/
Von den Mägden in sonderheit/
An zu zeigen ihre Keuscheit.
O ij

Ein Frauw von Ach.

ZV Ach die Keyſerliche Kron
Empfeht der iſt erwehlet ſchon/
Zum Keyſer/daſelbſt findt man auch
Gezieret/ nach deß Landes Brauch

Die Frauwen auff dieſe Manier/
Wie hie iſt fürgebildet dir/
Zu dem ſie auch ſind Tugendreich/
Wiewol ſie nicht ſind alle gleich.

O iij

Ein Jungfraw auß Flandern.

Also pfleget sich in Flandern
    Eine Jungfraw zu zieren gern
Von Angesicht gar wol gestalt/
    Ihr Tugent jederman gefalt/

In Worten ist sie holdselig/
    In Geberden gar Adelich/
Als were sie ein Venus Kind/
    Mit Arbeit hortig vnd geschwind.

Ein Weib auß Flandern.

ES macht an jedem ort das Kleid
   Zwischen den Menschen onterscheid/
Ein Flandrisch Weib ist angethan/
   Wie diese Figur zeiget an.

Vnd ob sie wol mit Kleidung schlecht/
   Doch handelt sie redlich vnd recht/
Vnd gefellet jhrem Mann wol/
   Nicht mehr ein Weib begeren sol.

P

Ein Holländerin.

Also kleidet eins Kauffmans Weib
In Holland ihren schönen Leib/
Wann sie gehet auß ihrem Hauß/
Ihre Geschäfft zu richten auß/

Sie schlegt die Augen vnter sich/
Ihr Angesicht ist doch frölich/
Vnd ist gar hortig vnd bereyt
Zu geben jederman Bescheid.

P ij

Ein Brabändische Niderländerin.

Also kleiden sich in Brabant
 Die Weiber mit gutem Gewand/
Wann sie gehen für erbar Leut/
 Wie ich selber gesehen heut/

Doch kan man jhr schöne Gestalt
 Mit Händen nicht abmahlen bald/
Sie sind auch willig vnd bereyt
 Zu aller Weiblichen Arbeyt.

Ein Niderländerin vom Adel.

EIn Fraw im Niderland geborn/
Von Adelichem Blut erkorn/
Pfleget sich zu zieren also/
Wie dir ist fürgemahlet do/

Nicht vngleich den Armeniern/
Den sie hierinnen folgen gern/
Sonst ist jhr Lob/Zucht/Erbarkeit/
Vnd Ehr berühmet weit vnd breit.

Ein Niderländische Magd.

ES tragen auch im Niderland
Die Mägd Kleider nach jhrem Stand/
Wies ein jede erzeugen kan/
Als dise Figur zeiget an/

Sie sind auch jhrer Mutter Kind/
Ob sie gleich etwas schmutzig sind/
Von Arbeyt vnd der Küchen rauch/
So sind sie doch zu loben auch.

Q

Ein Fraw von Lübeck.

Lübeck die rechte Handelstatt
Dapffere frische Weiber hat/
Gleichwol ohn allen Pracht geziert/
Jedoch wol proporcioniert/

Bey ihnen ist kein Heucheley/
Sie sagen wies geschaffen sey/
Auff Zucht vnd alle Erbarkeit
Ist auch gerichtet ihr gantz Kleid.

Q ij

Ein Edelfraw auß Schweden.

JN dem Schwedischen Königreich
    Ist die Kleidung nicht durchauß gleich.
Ein Frauw vom Adel schmücket sich/
    Wie dise Figur lehret dich.

Da sihet man mit vberdruß
    In Kleidung keinen vberfluß/
Es sind die Weiber in gemein/
    Gantz erbar/züchtig/keusch vnd rein.

Ein Böhemin von Prag.

Die Figur fleissig anschaw/
Also bekleidet sich ein Fraw/
Zu Prag weit in dem Behmer Land/
Welche schon einen Mann erkandt/

Ob sie wol auch sind schön vnd zart/
Vnd von einer geschlachten Art/
Haben sie doch in jhrer Tracht
Gar keinen sonderlichen Pracht.

Ein alte Böhmische Fraw.

WAnn nun ein Böhmisch Weib wird alt/
  Vnd verleuret jhr schön Gestalt/
Verändert sie die vorig Zier/
  Gar auff ein andere Manier/ ·

Vnd kleidet sich nach jhrem Stand/
  Wie bräuchlich ist im selben Land/
Vnd ist fast also angethan/
  Wie dise Figur zeiget an.
            K

Ein Edelfraw in Hungern.

Ein Edelfrauw jung/reich vnd zart
Ist bekleidet auff dise art/
Wie diese Figur außweiset/
Ihr Tugend sie gar wol preiset.

Wann sie sich anders kleiden wolt/
Das Landvolck sie verspotten solt/
Als die der Hungern erbar Tracht.
Ohn alle vrsachen veracht.

R   H

Ein Braut zu Dantzig.

ES ligt ein Statt in Preuffenland
  Gar weit berühmbt Dantzig genannt/
Wann da ein Jungfraw wol geftalt
  Jhren Chriftlichen Kirchgang halt/

Wird fie auff diefe weiß geziert/
  Wann man fie zu der Kirchen führt/
Ich hab mein Lebtag nie gefehn
  Ein fchöner Braut zu Kirchen gehn.
                        R iij

Ein Magd zu Dantzig.

DAs ist der Mägd zu Dantzig Tracht/
Von vielen Jaren her gebracht/
Wann sie Wasser tragen zu Hauß/
Wie diese Figur weiset auß.

Wiewol jhr Kleidung ist gering/
So ist es doch ein wunder ding/
Daß man jhr nicht entrathen kan/
Vnd findet jede jhren Mann.

Ein Fraw auß Lieffland.

ALſo kleidet ſich in Lieffland/
Ein Ehweib in gemeinem Stand/
Wann ſie vielleicht in jhrer Statt/
Bey Leuten was zu ſchaffen hat/

Bey vns wird eine gar verlacht/
Wenn man ſie ſeh in ſolcher Tracht/
Doch iſt es in Lieffland ein ehr/
Wann ein Fraw alſo geht daher.
S

Ein fürneme Lieffländische Fraw.

WAnn in Lifflande ein fürnem Weib
Zu ehren schmücket jhren Leib/
So leget sie sich also an/
Wie dise Fraw ist angethan/

Sie hat ein Deck auff ihrem Kopff/
Gleich wie ein außgespitzter Topff/
Ein Mäntelein gefüttert rauch/
Also ist es im Land der Brauch.

S ij

IN Lieffland weit ist diese Tracht
Bey Edelfrauwen hoch geacht/
Darbey kan man bald erkennen/
Daß sie sich vom Adel nennen/

Vnd haben in dem Hinterhalt
Vor andern Weibern mehr Gewalt/
Ein frembder solt gedencken frey/
Es wer ein neuwe Mummerey.

Ein fürnem Weib in der Moscaw

ALso gehet in der Moscaw
Gekleidet ein fürneme Fraw.
Wann sie sich muß auß ihrem Hauß
Begeben auff die Gaß hinauß/

Ettwann zu einem Freudenfest/
Kein Pracht sie onterwegen leßt/
Von Peltz ist fast ihr beste Tracht/
In der Moscaw gar hoch geacht.

Ein Polnische Matron.

EJn Polnische Fraw von gutem Gschlecht
Auff dise weiß sich kleidet recht/
Wie es bräuchlich ist in Polen/
Daselbst darff man nicht erst holen

Von frembden Orten neuwe Tracht/
Die bey ihnen nicht her gebracht
Sondern tragen nach jhrem Brauch
Kleider mit Peltz gefüttert rauch.
T

Ein Edelfraw in Lotharingen.

ALſo gehet ein Edelfraw
Geſchmücket wie ein ſchöner Pfaw
In Lotharingen/auſſerm Hauß/
Von Füſſen an biß oben auß.

Wann du die Tracht gern wiſſen willt/
Magſtu beſehen diſes Bild/
Ihr Tugent/Zucht vnd Erbarkeit
Iſt lengeſt bekannt weit vnd breit.

T ij

Ein Jungfraw auß Burgund.

ALso kleidet sich in Burgund
Ein Jungfraw heut zu diser Stund/
Wann sie wil auff ein Hochzeit gahn/
Oder selbs nemmen einen Mann.

Das Kleid ist von gutem Gewand/
Zugericht von kunstreicher Hand/
Darin sich spiegelt die Jungfraw/
Wie ein schöner vnd stoltzer Pfaw.

T iij

Ein Edelfraw in Franckreich.

Wiewol die Weiber in Franckreich
An Reichtumb nicht sind alle gleich/
Das sie vermöchten gleichen Schmuck
Die Armuth halt gar viel zu ruck/

So kleidet sich doch auff die Schaw
Ein junge reiche Edelfraw/
Auff dise weiß/wie fürgemahlt/
Ihr Mann den Kosten gern bezahlt.

Ein Edle Matron zu Leon.

ES sind die Weiber zu Leon
In Franckreich gezieret gar schon/
Mit Leibs Gestalt vnd erbarm Schmuck/
Wie dir fürbildet dieser Truck.

Ihre Tugend weiß ich nicht all/
Ein ander sie beschreiben soll.
Eins weiß ich/daß sie freundlich sind
Anzusehen/wie Venus Kind.

V

Ein Edelfraw von Pariß.

WJewol in Franckreich oberal
Schön Weiber zu finden ohn zahl/
Doch behaltet hierin den Preiß
Die weitberühmbte Statt Pareiß.

Da findt man von gutem Adel
Viel frommer Weiber ohn Tadel/
Geschmücket vnd gezieret so
Wie dises Weib stehet alldo.

D ij

ALhie stehet auff onser Schaw
Vom Adel ein schöne Jungfraw
Gerades Leibs vnd Glieder zart/
Geschmückt nach der Frantzosen Art/

Ihr Tugend jederman bekannt/
Wird gepriesen in gantzem Land/
Sie wolt sich verheyraten gern
Mit eim Frantzösischen Junckhern.

V iij

Ein Fraw auß Engelland.

Ein Edelfraw in Engelland
  Ist geschmücket nach jhrem Stand/
Wann sie also ist angethan/
  Wie dise Figur zeiget an.

Darinn hat sie jhr recht Gestalt/
  Auch jhrem Mann gar wol gefalt/
Vnd wann sie ander Kleider trüg/
  Ihr Mann sie zu dem Hauß außschlüg.

Ein Engelische Fraw von Londen.

WAnn ein Weib gehet auß dem Hauß
Jhre Geschäfft zu richten auß/
Zu Londen vber die Strassen/
Schmücket sie sich allermassen/

Wie dises Weib gemahlet ist/
Denn an schöne gar nichts gebrist/
So ist sie sonst stattlich geziert/
Am Leib wol proportionirt.

X

Ein Weib auß Hispanien.

ALso bekleidet sich mit fleiß
Ein Weib nach Hispanischer weiß/
Vom Haupt herab biß auff die Erd/
Es wer manchem ein groß Beschwerd/

Wann er solt tragen auff ein mal
So viel Gewand in nechsten Saal.
Sie haltets aber für ein Ehr/
Wann es noch einmal wer so schwer.

X 4

Ein Fraw von Bononien.

ZV Bononien schmücket sich
Ein junge Fraw gar sãuberlich/
Mit gutem vnd reinem Gewand/
Nach jhrem Adelichen Stand/

So gut sie es erzeugen kan/
Darinn gefallt sie jhrem Mann/
Zu dem sie sich gar freundlich halt/
Biß sie beysammen werden alt.

Ein Jungfraw von Bononien.

DAs ist ein Bononisch Jungfraw/
Gewachsen in deß Himmels Taw.
Von Angesicht gar schön formiert/
Am Leib wol proporcionirt/

Kompt von Adelichem Samen/
Behalt jhren guten Namen/
Mit Kleidern zum besten staffiert
Mit Zucht vnd Erbarkeit geziert.

Ein Fraw von Senis.

ALs ich newlich gehn Senis kam/
    Kein ding mich grösser wunder nam/
Dann daß die Senischen Weiber
    Hetten solche schöne Leiber/

Wer sie ansihet/ dem gefalt
    Ihr gantz Adeliche Gestalt/
Zu dem sind sie auch wol geschmückt/
    Wie hie auff dem Papir getruckt.

N

Ein Edelfraw von Vicentz.

JN der Venediger Herrschafft
Liget die Statt Vicentz namhafft/
Da findet man Edel Frauwen/
Gar holdselig anzuschauwen/

Vnd laſſen ſich freundlich mercken/
Beydes in Worten vnd Wercken/
Gehen auch in zierlichem Schmuck/
Wie fürbildet diſes Kunſtſtuck.

N 4

Ein Weib von Placentz.

WAnn einer suchen wolt ein Weib/
   Nach seinem Wundsch für seinen Leib/
So wer mein endlicher Sententz/
   Er solt hin reisen nach Placentz/

Auffs aller bäldest vnd noch heut/
   Da findet man gar schöne Leuth/
Die sind aller massen geziert/
   Wie dises Bild representirt.

Ein Edelfraw von Padua.

ZV Padua der Welschen Statt/
Es auch gar schöne Weiber hat/
Der Adel ist gekleidet schier
Auff fürgeschriebene Manier.

Vnd bleibet gern bey diser Tracht/
Wann ein dieselbige veracht/
So wird man auch nicht wol mit jhr/
Zu frieden seyn/das glaube mir.

Ein Edelfraw von Mantua.

Ein Weib zu Mantua geborn
Von gutem Adel außerkorn/
Und von jhrer zarten Jugend
Erzogen in aller Tugend/

Bekleidet sich mit allem fleiß
Auff dise fürgemahlte weiß/
Dann es ist ja ein schönes Pferd/
Auch wol eines schönen Zeugs werd.

Z

Ein Edle Fraw von Ferrar.

ES ift bekannt vnd offenbar/
Daß fchön Weiber find zu Ferrar/
Vnd fonderlich Edle Frauwen/
Die laffen fich gar wol fchauwen/

Sie leuchten klar von Angeficht/
An Tugent ihnen nicht gebricht/
Ihr Tracht ift auch alfo gethan/
Wie dife Figur zeiget an.

Z ij

Ein Fraw von Verona.

Hje sihestu vor Augen stohn/
Eines Burgers Weib von Veron/
Von Angesicht gar schön vnd zart/
Gekleidet nach deß Landes art/

Mit Rocken ist sie nicht vngleich
Andern Weibern im Königreich/
Allein ist außgespitzt der Kopff/
Gleich wie ein alter Wiedehopff.

Z iij

Ein Jungfraw von Florentz.

Die Jungfrauwen sind zu Florentz/
Viel schöner nach meinem Sententz/
Vnd soviel auch mir ist bekandt/
Dann sonst in gantzem Welschenland.

Auch wissen sie gar wol den Pracht
Zu führen in der Kleider Tracht/
Ein ledig Jungfraw zieret sich/
Wie dise Figur lehret dich.

Ein Fraw von Florentz.

ALſo bekleidet ihren Leib
Zu Florentz ein ſchön junges Weib/
Sie traget zwar ein bloſſe Bruſt/
Doch ihrem Mann allein zum Luſt/

Ein ander ſoll ſeine Augen
Abwenden von frembden Frauwen/
Ihrs eignen Manns iſts/was drin ſteckt/
Es ſey gleich bloß oder bedeckt.

a

Ein Neapolische Jungfraw.

ES mag jederman beschauwen/
Dise gemahlte Jungfrauwen/
Dann wie sie ist abconterfeit/
Also geht auch in jhrem Kleid

Ein Tochter von Neapolis/
Die noch kein Heyraht weiß gewiß/
Doch wartet sie drauff alle Stund/
Dieweil sie frisch ist vnd gesund.

a ij

Ein ehrliche Matron von Neapolis.

ICh kan euch sagen für gewiß/
Schön Leuth sind zu Neapolis/
Von Gliedern vnd von Angesicht/
Auch ist alle Kleidung gericht

Der Weiber/ allein auff den Pracht/
Vnd wird hierin wenig geacht
Deß Kostens/ ein Weib also geht/
Wie dieses Bild für Augen steht.

a iij

Ein fürneme Fraw auß Italien.

ALso sind in Italien
Geschmücket erbar Matronen/
Die von eim guten Geschlecht sind/
Wie man derselben gar viel sind.

Wann sie auß jhren Häusern gehn/
Vnd etwan auff der Gassen stehn.
Sind sonst gar zart von Angesicht/
Wie ich von leuthen werd bericht.

Ein fürneme Fraw von Rom.

Also pfleget ein Römisch Weib/
Zu zieren jhren schönen Leib/
Wann sie ist von gutem Geschlecht/
Nach der Statt Rom herbrachtem Recht/

Wenn sie villeicht gehn auß dem Hauß/
Wie dise Figur weiset auß/
Steht wol vnd ist ein erbar Tracht/
Wann man es nur nicht vbermacht.

b

Ein Junge Fraw zu Rom.

GLeich wie ein hoffertiger Pfaw/
Mit seinen Federn grün vnd Blaw/
Ein redlein macht/vnd spiegelt sich:
Also geht auch gantz hoffertig

In der Statt Rom ein junge Frauw
Vnter Leuthen/als auff der Schaw/
Vnd streichet sich stattlich herauß/
Wie diese Figur weiset auß.
b

Ein Römische Jungfraw.

Das ist ein sonderliche Tracht/
Zu Rohm von langem hergebracht/
Darinn sich schöne Jungfrauwen/
Offentlich gern lassen schauwen.

Wann sie damit sind angethon/
Beduncken sie sich mächtig schon/
Es ist auch dises Ehrenkleid
Mit grossem Kosten zubereit.

b iij

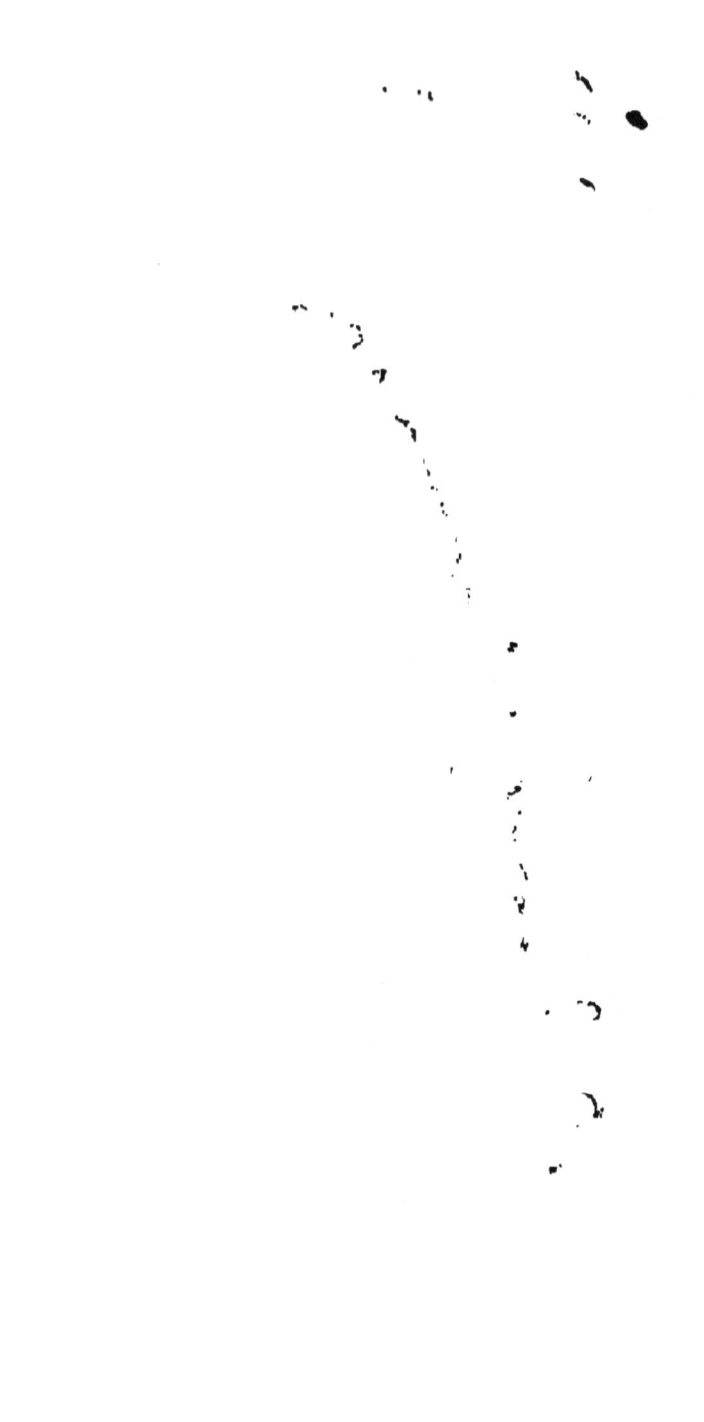

Ein vnzüchtig Weib zu Rom.

ZV Rom ist es heur nicht mehr new/
Daß Weibs personen ohne schew/
Vnzüchtig vnd schändlich leben/
Ihren Leib zu schänden geben/

Vmb vergengliches Gelts willen/
Vnd jhre Geilheit zu stillen/
Wann sie tags auff der Gassen gahn/
So siht man sie für fromb Leuth an.

Die Hertzogin von Venedig.

BEsihe fleissig dises Bild/
    Wann du vielleicht gern wissen wilt/
Wie köstlich vber den Leib hin
    Geschmücket sey ein Hertzogin

Zu Venedig in Welschem Land/
    Das wenig Leuthen ist bekandt/
Man findt in Teutscher Nation
    Kein so wol geziert Weibs person.

c

Ein Geſchlechterin von Venedig.

ALſo bekleidet jhren Leib
Ein junges Venediſches Weib/
Wann ſie iſt von gutem Geſchlecht/
Jhren Kopff treget ſie auffrecht/

Vnd ſchmücket ſich ein Edle Fraw
Gleich wie ein geſpigelter Pfaw.
Als diſe Figur zeiget an/
Die du ſiheſt für augen ſtahn.

Ein Venedische Braut von Geschlechtern.

WAnn zu Venedig eine Braut
Versprochen hat eim Mann jhr Haut/
Vnd soll halten jhren Kirchgang/
Darauff sie nun gewartet lang/

So schmücket sie sich hübsch vnd fein/
Wie außweiset der Augenschein/
Ich glaub nicht daß man schöner Leut
Finden mög/ als Venedisch Bräut.

c iij

Ein Vettedische Jungfraw vott

Geschlechtern.

VEnedig die berühmte Statt
Gar viel schöner Jungfrauwen hat/
Gezieret auff das aller best/
Kein Pracht man vnter wegen lest/

Sonderlich wanns vom Adel sind/
So leuchten sie wie Venus Kind/
Wann sie auff gemeinen Gassen
Sich etwan anschauwen lassen.

Ein Geschlechterin zu Venedig im
Sommerkleid.
JM Sommer wann die Sonn warm scheint/
Vnd Venedische Weiber seind/
Von den Vralten Geschlechtern/
Die auß ihrem Hauß giengen gern/

Vor essens sich zu erquicken
Damit sie nun nicht ersticken/
So legen sie sich lüfftig an/
Wie dise Figur ist gethan.

D

Ein Venedische Matron.

WEnn sich ein fürneme Matron
Zu Venedig thut auff den Plan/
So siht man sie auff dise weiß
Gezieret seyn mit allem fleiß/

Mit dem allerbesten Gewand/
So man kan haben in dem Land/
Das muß auch zierlich seyn bereit/
An zu zeigen ihr Herrligkeit.

D   4

Ein Bürgerin zu Venedig.

Zu Venedig eins Burgers Weib
Also bekleidet jhren Leib/
Wie dise Figur zeiget an/
Die du vor dir hie sihest stahn/

Das Angesicht bedeckt sie rein/
Die Brust muß fast fornher bloß seyn/
Sonst sind jhre Kleider gemacht/
Nach der Aphricanischen Tracht.

D iij

Ein Edel Jungfraw in Meyland.

DEr Jungfrawen Zucht in Meyland
Ist allenthalben wol bekandt.
Deßgleichen ihr schöne Gestalt/
Fast jedermeniglich gefallt/

Von Angesicht sind sie fast zart/
Vnd durchauß holdseliger Art.
Die Kleidung stehet ihn wol an/
Wann sie nach Landsbrauch angethan.

Ein Edelfraw zu Meyland.

WAnn ein junge Fraw vom Adel
In Meyland lebet ohn tadel/
Wann sie gehet auß ihrem Hauß
Jhre Geschäfft zu richten auß/

So darff sie sich schmücken also/
Wie dise Figur stehet do/
Sonst ist ihr Zucht vnd Erbarkeit
Gar wol berühmet weit vnd breit.

e

Camilla deß Türckischen Sultans Tochter.

CAmilla von Türckischem Stam
Von Art hoffertig vnd graufam/
Von Leib einer guten Gestalt/
Vnd sonst gezieret manigfalt/

Gekleidet auch gar hübsch vnd fein/
In Golt/Perlen/Edelgestein/
An Schmuck vnd Pracht ihr gar nichts felt/
Wie fürbildet dieses Gemeld.

 ij

Ein Türckische Hur.

Das ist ein onzüchtiges Weib/
Welche ihren onkeuschen Leib
Verkauffet vmb schändliches Gelt
Einem Buler der ihr gefelt/

Von demselbigen Hurenlohn
Kleidet sie sich denn hübsch vnd schon/
Daß sie mit ihrem falschen Schmuck
Die Türcken desto eh beruck.

2

Ein Fraw auß Peruuia.

ES ligt gar weit in India
Ein Insul heißt Peruuia /
Darinn die Weiber dise Tracht
Halten für ein besondern Pracht /

Meynen sie seyen wol formirt /
Wann sie auff dise weiß geziert /
Wiewol sie nun ein ander Art /
Gelehrnet von frembder Schiffart.

S. Catharinen Orden.

SAnct Catharina die Jungfraw
Ein vorbild der Keuscheit beschaw/
Sie wolt lieber ohn Eh leben/
Dann sich in Ehstand begeben/

Nicht daß sie den Ehlichen Stand
Gehalten hett für eine Schand/
Sondern daß sie lediger weiß
Gott dienen möcht mit ihrem fleiß.

f

S. Catharinen Leyen Orden.

SAnct Catharina die Jungfraw
Spiegelte sich nicht wie ein Pfaw/
Mit stoltzer Kleidung für der Welt/
Fraget auch nicht nach Gut vnd Gelt/

Sie dienet aber Gott dem HERRN/
Hört vnd bekennet sein Wort gern/
Litt vmb seinet Willen den Tod/
Vnd befalh sich ihm in der Noth.

S. Brigitten Orden.

SAnct Brigitta die Jungfraw zart/
Hat jhre Keuscheit wol verwart/
Lediger weiß/vnd im Ehstand/
Wie auß der Legent ist bekandt/

In jhrem Wittwen Stand deß gleich/
Sie sich gehalten Tugentreich.
In jhrem Orden leben viel/
Die nicht erreichen dieses ziel.

Weisse Nonnen schwartz geweilert.

ES ist auch erfunden worden/
Vor Jaren ein ander Orden/
Unter dem Weiblichem Geschlecht/
Daß man darinn solt leben recht/

Ihr Kleider trugen sie mit fleiß
Von Gewand/das war durchauß weiß/
Allein ein Weiler war erlaubt
Von schwartz zu tragen auff dem Haupt.

Ein Beginn.

EJn ander Weiber Orden war/
Die hatten sich begeben zwar
Ein zeitlang ins Kloster Leben
Nach grosser Frombkeit zu streben/

Wann sie nun die Gottseligkeit
Erlehrnet ihr Beginnen Kleid/
Dann war es ihnen keine Schand/
Sich zu begeben in Ehstand.
g

S. Clara Orden.

ZV Assis in der alten Statt
Die fromb Jungfraw gewohnet hat
Geboren von gutem Adel/
Vnd gelebet ohne Tadel/

Hat viel edele Jungfrauwen
Im Christenthum wol erbauwen/
Die sich ihrs Ordens rühmen nun/
Ein solchen Habitum anthun.

Der Rheüwerin Orden.

ALso giengen vor zeiten her
   Die Weiber so man nennt Reuwer/
Das Angesicht verhülten sie
   Mit einem Tuch biß auff die Knie/

Ihr Tracht war von weissem Gewand/
   Der Wandel jederman bekannt/
Niemand schier jetzt bereuwen wil
   Sein Sünd/ ob man wol sündigt viel.

Ein Stifftefraw.

WAnn vor zeiten ward eingeführt
Ein keusche Fraw/wie sichs gebürt/
Auff einen Stifft/zum Gottesdienst/
Daß sie darinn nicht wer die minst/

So kleidet sich das Fräwlein zart
Nach deß weltlichen Stifftes art/
Vngefehrlich solcher gestalt/
Wie fürgemaltes Bild inhalt.

Orden der Krancken Warterin.

Ein ander Orden ward gestifft/
So allein die Weiber antrifft/.
Die waren all schwartz angethan/
Von vnten auff biß oben an/

Sie warteten der Krancken leuth/
Darvon gar offt ein gute Beut
Bestecken blieb ihrem Orden/
Von dem sie dar geschickt worden.

Getruckt zu Franckfort
am Mayn durch Martin Lechler/
in Verlegung Sigmund Feyrabends.

M. D. LXXXVI.

.